세계동물환경회의

지구를 살려 주세요

ANIMAL CONFERENCE FOR ENVIRONMENT Vol.4 ~ Vol.5
by Ichiro Tsutsui & Kimiko Tsutsui
Copyright ⓒ 2005 by Ichiro Tsutsui & Kimiko Tsutsui All rights reserved.
Original Japanese edition published by nurue Inc.
Korean translation rights arranged with nurue Inc.
through COREA LITERARY AGENCY, Seoul.
Korean translation rights ⓒ 2009 Danielstone Kids Publishing Co.

이 책의 한국어 판 저작권은 Corea Literary Agency를 통한 (株)nurue와
독점 계약한 뜨인돌어린이에 있습니다.
저작권법에 의해 한국 내에서 보호를 받는 저작물이므로 무단전재와 무단복제를 금합니다.

세계동물환경회의
지구를 살려 주세요

초판 1쇄 펴냄 2009년 3월 30일
    7쇄 펴냄 2020년 5월 25일

글 이안, 마리루
그림 앤듀
옮김 고향옥
펴낸이 고영은 박미숙

펴낸곳 뜨인돌출판(주) | 출판등록 1994.10.11.(제406-251002011000185호)
주소 10881 경기도 파주시 회동길 337-9
홈페이지 www.ddstone.com | 블로그 blog.naver.com/ddstone1994
페이스북 www.facebook.com/ddstone1994
대표전화 02-337-5252 | 팩스 031-947-5868

ISBN 978-89-92130-90-5 73830

이 도서의 국립중앙도서관 출판예정도서목록(CIP)은 서지정보유통지원시스템 홈페이지
(http://seoji.nl.go.kr)와 국가자료종합목록 구축시스템(http://kolis-net.nl.go.kr)에서
이용하실 수 있습니다. (CIP제어번호 : CIP2010001124)

어린이제품안전특별법에 의한 제품표시
제조자명 뜨인돌어린이 제조국명 대한민국 사용연령 만 6세 이상

세계동물환경회의

지구를 살려 주세요

이안·마리루 글 | 앤듀 그림 | 고향옥 옮김

뜨인돌어린이

난 지구를 지키고 있어요!

　몇 해 전 이사를 하면서 전에 쓰던 에어컨을 과감하게 없애 버렸어요. 아이들은 더운 여름에 어떻게 지낼 거냐며 투덜거렸고, 여름이 되자 에어컨 타령을 했지만 나는 꿋꿋하게 버텼답니다. 그래서 아직도 우리 집에는 에어컨이 없지요. 처음에는 여름에 에어컨 없이 어떻게 살까 살짝 걱정이 되기도 했답니다. 그런데 선풍기로도 그럭저럭 견딜 만하더라고요. 아이들도 이제 더 이상 에어컨 타령을 하지 않아요.

　물론 아주 더운 날에는 시원한 에어컨 바람이 간절하긴 해요. 특히 집에 손님이라도 올 때면 더더욱이요. 하지만 나는 손님들에게 자랑스럽게 말하곤 해요. "난 지구를 지키고 있어요!"라고요. 별거 아닌 것 같지만 아주 작은 실천이 몸살을 앓고 있는 지구를 살리는 데 조금이라도 보탬이 될 거란 뿌듯함이 내 마음속에 있으니까요. 게다가 전기세도 덜 들고, 자연에 맞게 사니 냉방병이나 감기에도 잘 안 걸려 좋고. 그야말로 일석삼조더라고요.

　지구를 지키는 환경 운동은 그렇게 거창하거나 특별한 사람만 하는 것이 아니랍니다. 물 아껴 쓰기, 학용품 오래 쓰기, 일회용품 쓰지 않기, 재활용품 잘 분리

하기, 음식을 남기지 않기, 가까운 거리는 차를 타지 않고 걸어 다니기, 쓰지 않는 텔레비전이나 컴퓨터 같은 전자 제품의 코드는 뽑아 놓기 등. 이런 일들은 우리가 생활 속에서 충분히 할 수 있는 것들이에요. 이런 작은 실천들이 바로 지구를 지키는 일이랍니다.

  물론 평소에 이런 것들이 몸에 배지 않은 사람은 조금 불편할 수도 있어요. 하지만 불편하지 않고 편하게 살면서 지구를 지키기는 힘듭니다. 우리가 편하게 살려고 하면 할수록 지구는 점점 몸살이 심해져 나중에는 치료할 수 없는 지경에 이를 수도 있거든요. 그렇게 되면, 정말로 우리는 마음대로 숨도 쉬지 못하고 공기를 사 마셔야 되는 일이 벌어질지도 몰라요. 옛날에는 아무 우물이나 계곡의 물을 마셨는데 이제는 물을 돈 내고 사서 마시고 있잖아요. 부디 공기까지 사서 마시는 날이 오지 않도록 우리가 할 수 있는 작은 것부터 실천해요. 그래서 꼬마환경운동가가 되어 자랑스럽게 외치는 거예요.

  "난 지구를 지키고 있어요!"

초록빛 지구가 영원하길 꿈꾸며 **고 향 옥**

지구를 위해 지혜를 모으는
희망 이야기

우리가 살아가는 지구는 자연과 인간이 함께 살아가는 공동체입니다. 지구의 생태계가 건강하려면 자연의 섭리를 거스르지 않고 살아가야 하지요.

조화로운 지구의 미래를 위해 각국의 동물들이 모였습니다. 다 같이 어떻게 하면 병들어 가는 지구를 구할 수 있을지 회의를 한답니다. 과연 〈세계동물환경회의〉에서 그 해답을 찾을 수 있을까요?

에너지 문제는 지구의 미래를 위해 현명하게 풀어야 할 중요한 문제예요. 어떻게 에너지를 아끼는 것이 좋을지, 어떻게 쓰는 것이 에너지를 잘 쓰고 효율적으로 쓰는 방법일지, 어린이 여러분은 어떻게 생각하세요? 세계동물환경회의에 함께 모인 동물 친구들은 정말 진지하면서 기발하고 엉뚱한 생각주머니들을 열어 놓아요. 복잡한 이해가 얽혀 있는 환경 문제를 재밌는 이야기로 풀어내지요. 그 이야기 속에는 우리 모두의 희망이 담겨 있답니다.

이 책에 등장하는 동물들의 아이디어는 참 기발해요. '생각을 바꾸면 에너지

가 보인다'라는 말을 들어 봤나요? 사람이 에너지원이 되면 전철 안, 공연장, 축구 경기장도 에너지를 만들어 내는 발전기가 될 수 있답니다. 정말 멋지죠? 이게 바로 '생각'이 '에너지'가 되는 '생각 에너지'랍니다.

또 우리는 이 책을 통해 먹을거리 문제가 얼마나 심각한지 알게 됩니다. '8억이 넘는 인구가 굶주리는데 선진국에서는 음식의 4분의 1이 버려진다'는 것, 즉 소위 부자 나라들과 가난한 나라들의 차이가 얼마나 심각한지를 보여 줍니다.

이 책은 이 땅에 사는 모든 생명들이 지구의 미래를 위해 지혜를 모으는 희망 이야기입니다. 자, 여러분도 이제 동물환경회의에 참가할 준비가 되었지요?

한국어린이식물연구회 설립자 · PGA습지생태연구소장
한 동 욱

차 례

첫 번째 이야기
에너지를 똑똑하게 쓴다고? · 22

미래의 에너지원을 찾아라! · 56
❶ 사람의 힘을 에너지원으로!
❷ 운동 경기장 발전소의 원리
❸ 버려지는 것을 에너지원으로!
❹ 동물 라이프사이클 엔진의 원리

두 번째 이야기
화기애애한(?) 저녁식사 · 68

먹을거리에 대한 고민 · 102
  ❶ 전 세계에서 먹을거리를 수입하는 나라
  ❷ 채식이 좋은 이유
  ❸ 건강하게 먹는 법
  ❹ 자연에서 나오는 먹을거리
  ❺ 과학의 힘으로 만드는 먹을거리

지구를 살리기 위해 이번에도
각 나라를 대표하는 동물들이 모였어요

어떤 동물들이 참가했을까요?

'망가져 가는 지구, 더 이상 두고 볼 수만은 없다!'
드디어 동물들이 지구 환경을 위해 나섰습니다.
병들어 가고 있는 지구를 인간들에게만 맡겨 두어서는 안 되겠다고 생각했기 때문이지요. 그리하여 각 나라를 대표하는 동물들이 한자리에 모여 세계환경회의를 열었습니다.
독일에 사는 고슴도치 해리가 여러 나라의 동물들을 불러 모았어요. 지금부터 그들을 간략하게 소개할게요.

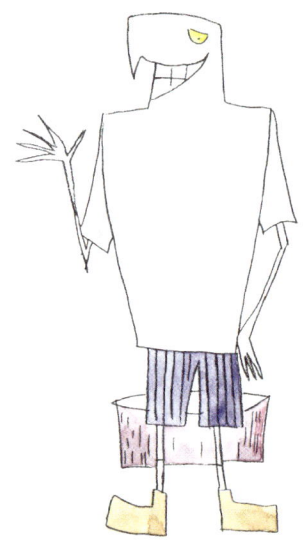

우선 이 잘생긴 독수리는 미국에서 온 왓시입니다.

왓시는 자기 주장이 너무나 강해 지난 회의 때도 다른 동물들과 여러 번 부딪쳤어요. 왓시는 물질이 풍요로운 미국에 살아서 다른 동물들에 비해 환경의 소중함을 잘 모르는 편입니다.

실컷 일회용품을 사용하지 말아야 된다는 내용으로 회의를 하고는 목마르다며 자판기를 찾는 엉뚱한 친구이기도 하지요.

하지만 왓시도 세계 각지에서 온 동물들과 환경회의를 하면서 점차 변해 갑니다.

왓시의 달라져 가는 모습을 지켜보세요.

　날렵한 호랑이 토라지는 인도에서 왔습니다.
　토라지는 요가를 해서인지 다른 호랑이들과 다르게 몸이 아주 날씬합니다. 그리고 자상하고 온유한 성격의 소유자입니다. 왓시가 뚱딴지같은 소리를 해도 차분히 타이르지요.
　하지만 토라지도 편리함만 쫓는 선진국들 때문에 다른 나라가 피해를 보는 데 대해서는 강력하게 항의합니다.
　앞으로 토라지의 활약을 기대하세요.

　일본에서 온 너구리 탓쿠는 국제회의에 도시락으로 싸 올 정도로 생선초밥을 좋아합니다.

　그러나 그 초밥을 나무젓가락으로 먹어서 다른 동물들로부터 비난을 받았지요. 일본에서는 일회용을 쓰는 게 자연스러워서 그게 환경을 파괴하는 일인 줄 몰랐던 거예요. 그러다가 이번 환경회의 덕에 알게 됐답니다.

　탓쿠는 이제부터 나무젓가락을 덜 쓰겠지요?

　몸집에 안 맞게 귀여운 조우마마는 아프리카 케냐에서 온 코끼리입니다. 실제로 본 동물들이 깜짝 놀랄 정도로 조우마마는 덩치가 크지요. 그래서 그런지 조우마마는 회의하러 오면서 바나나를 한 트럭이나 먹었을 정도로 먹성이 좋아요.

　그러나 회의할 때만은 매우 신중하고 진지합니다. 조우마마는 특히 최근 아프리카의 숲이 줄어들고 사막이 늘어난 것에 대해 걱정이 많아요.

빨간 악어 와니르는 브라질에서 왔습니다.

보이는 것처럼 살짝 다혈질이고 불의를 보면 참지 못하는 정의의 사도지요. 와니르는 브라질의 정글이 없어지는 큰 이유가 일회용품 사용 때문이라며 일본 대표 탓쿠에게 강력히 항의합니다.

토라지와 마찬가지로 선진국의 편리함 때문에 다른 나라들이 피해를 보는 데 불만이 많지요.

바른말만 하는 와니르가 이번에는 어떤 말들을 할지 지켜볼까요?

　라비 박사는 신사의 나라 영국에서 온 토끼입니다. 라비 박사는 박사답게 최신형 노트북을 가지고 와서 동물들에게 그래프와 자료를 보여 주며 설명합니다.

　과학적인 근거를 가지고 설명하는 라비 박사는 때로 동물들이 감정에 치우쳐 목소리를 높일 때마다 이성적으로 진정시킵니다.

　라비 박사는 말을 할 때마다 '에헴' 하고 헛기침을 하는 버릇이 있어요. 아마도 강의할 때마다 습관적으로 하게 되는 말투인가 봐요.

　라비 박사는 앞으로 '에헴' 하는 소리가 나면 라비 박사를 떠올려 주세요.

　마지막으로 해리는 세계동물환경회의를 주최한 동물입니다.
　독일 대표인 해리는 이 회의의 사회를 맡았어요. 처음에는 동물들 앞에서 멋들어지게 사회를 볼 생각으로 기대에 부풀었지만 이내 결코 쉽지만은 않다는 걸 깨달았답니다. 각기 다른 성격의 동물들을 통제하기가 여간 힘든 일이 아니었지요.
　해리는 환경 선진국인 자신의 나라를 예로 들어 좋은 의견을 많이 냈어요. 앞으로도 해리가 얼마나 반짝반짝하는 아이디어를 내는지 지켜보기로 해요.

이제 세계동물환경회의 속으로 들어가 볼 거예요. 동물들이 지구 환경을 위해 어떤 이야기들을 나눌지 궁금하지 않나요?
개성 강하고 자기 주장이 분명한 각 나라의 대표 동물들!
지금부터 지구를 살리기 위한 이들의 멋진 활약이 펼쳐집니다.

첫 번째 이야기

에너지를 똑똑하게 쓴다고?

"으으, 추워!"

와니르가 덜덜 떨고 있습니다.

찬 바람이 쌩쌩 불어와, 숲 속에는 수많은 나뭇잎이 어지러이 흩날리고 있습니다.

"추, 추워서 어디 회의나 하겠어?"

조우마마도 기다란 코를 목에 감고 떨고 있습니다.

"정말 추워졌군요. 그럼 여러분, 저희 집에 가실래요? 여기에서 금방이에요."

이들을 보고 있던 해리가 일어났습니다.

"콜록콜록! 좋아요. 따끈한 차라도 한잔 대접해 준다면 더할 나위 없이……."

라비 박사가 코를 벌름거리며 말했습니다.

그리하여 동물들은 우르르 해리의 집으로 갔습니다.
"자아, 여기예요. 여러분, 어서 들어오세요."
해리는 열쇠로 문을 열고 동물들을 집 안으로 안내했습니다.
"왠지 집이 좀 어두침침하군. 이게 전등 스위치인가?"
현관에서 흘끔흘끔 복도를 둘러보던 왓시가 벽에 있는 스위치를 딱 하고 켰습니다.
그런데 불이 켜지지 않았습니다.
"어어? 안 켜지잖아. 정전인가?"
왓시는 몇 번이나 위아래로 스위치를 올렸다 내렸다 했습니다.

"이런이런. 서두르지 마. 생각을 해 보라고. 우선 누전차단기*를 올려야지."

해리가 웃으면서 누전차단기를 올렸습니다.

"뭐야! 누전차단기를 내려놓은 거냐? 왜 내려놨어?"

왓시는 깜짝 놀라며 큰 소리로 물었습니다.

해리는 왓시의 말에는 대꾸도 하지 않고 방 한구석에 앉으려는 탓쿠에게 말했습니다.

"미안하지만 거기 그 플러그 좀 꽂아 주지 않을래?"

누전차단기 전류가 일정한 값을 넘어섰을 때 전원을 차단하도록 되어 있는 장치

 탓쿠가 돌아보니 콘센트 둘레에 뽑힌 채로 있는 플러그가 여러 개 있었습니다.
 "어어? 냉장고뿐 아니라 텔레비전, 책상 등, 전기난로까지 모두 플러그가 뽑혀 있잖아?"
 탓쿠는 깜짝 놀랐습니다.

하지만 해리는 태연하게 말했습니다.

"왜 그렇게 놀라? 집을 비워 놓았잖아. 누전차단기를 내려놓고 나가는 게 당연하지."

그 말에 민망해진 탓쿠.

"뭐? 당연하다니……. 나, 나는 외출할 때 누전차단기를 내리고 나가지 않거든."

이번에는 해리가 깜짝 놀랐습니다.

"정말? 나는 밤에 잠자기 전에도 항상 플러그를 뽑아 놓는걸."

왓시는 이상하단 듯이 고개를 갸웃거렸습니다.

"야야, 해리. 누전차단기 내리고, 플러그 뽑고. 너 대체 왜 그런 짓을 하는 거냐?"

이 말을 들은 해리는 어이없는 얼굴로 천장을 올려다보았지요.

"어휴, 너희는 정말 아무것도 모르고 있구나!"

"에헴! 아무리 전기 제품의 스위치를 꺼 놓았다고 해도 플러그를 꽂은 채 두면 전기는 계속 소모되고 있는 거예요."

라비 박사가 모든 걸 다 알고 있다는 얼굴로 설명했습니다.

하지만 그런 말을 처음 들은 탓쿠.

"뭐라고! 나는 전혀 몰랐어!"

탓쿠는 너무 놀라 두 손으로 입을 막았습니다.

왓시도 그것은 난생 처음 알게 된 사실이었습니다.

"그렇다고 어떻게 만날 플러그를 하나하나 다 뽑아 놓는단 말이야. 에잇, 귀찮아!"

왓시는 서슴없이 말하고는 고개를 휙 돌렸습니다.

그러자 라비 박사가 커다란 그림을 펼쳤습니다.

"에헴! 참고로 말씀드리죠. 이렇게 그냥 꽂혀 있는 플러그를 통해서 소비되는 에너지를 대기전력*이라고 하는데요. 에헴, 이 대기전력이 가정에서 일 년 동안에 소비되는 총 전력량의 약 15퍼센트를 차지합니다."

"어머나, 아까워라……."

모두의 입에서 한숨이 새어 나왔습니다.

대기전력 전원을 끈 상태에서도 전기 제품에서 소비되는 전력

해리는 고개를 끄덕이며 말했습니다.
"그래, 아깝지. 아주 많이……. 그래서 말이야, 쓰지 않을 때는 재깍재깍 플러그를 뽑아 놓으면 에너지를 절약할 수 있고, 전기료도 덜 나오고, 일석이조라고."

"마침내 등장했군요! 절약가 해리!"
큰 소리로 해리를 놀리던 왓시는 별안간 부르르 몸을 떨었습니다.
"나 으슬으슬 추운데. 난방 좀 세게 틀어 주지 않을래?"

"응, 나도 추워. 그리고 전등도 더 밝게 해 주면 안 될까? 좀 어두침침한데."

탓쿠도 곧바로 부탁했습니다.

하지만······.

"야야, 너희 지금 무슨 말을 하는 거야. 지금보다 더 밝으면 너무 눈부시단 말이야."

토라지가 엄한 목소리로 가로막고 나섰습니다.

"맞아. 게다가 이 방은 지금도 따뜻하다고."

조우마마도 눈을 휘둥그레 떴습니다.

"그래요. 전기를 함부로 펑펑 쓰거나, 난방을 너무 세게 틀면 에너지가 엄청 낭비돼요. 에너지를 아껴 씁시다, 절약합시다!"

고개를 끄덕이던 해리도 왓시와 탓쿠를 바라보며 말했습니다.

하지만 왓시는 허풍스럽게 부리를 딱딱 울렸습니다.

"아무리 그래도 난 춥거든! 감기 걸리면 네가 책임질래?"

물끄러미 그 모습을 지켜보던 토라지가 안타깝다는 듯이 고개를 저었습니다.

"이봐, 왓시. 세상에는 에어컨도 난로도 없이 사는 친구들이 많아."

"그래요. 세상에는 무려 20억 명이 전기를 이용하지 못하고 있습니다."

라비 박사가 심각한 얼굴로 자료를 읽었습니다.

그러자 뒤쫓듯이 와니르의 목소리가 울렸습니다.

"아마 왓시네 나라 미국과 탓쿠네 나라 일본은 우리 브라질보다 몇 배나 많은 전기와 에너지를 펑펑 쓰고 있을걸?"

"에헴! 여러분, 각 나라별 에너지 소비율을 한번 봅시다. 에헴!"
헛기침을 한 라비 박사가 컴퓨터 화면을 보여 주었습니다.
이것을 본 동물들은 놀라서 동시에 말했습니다.
"헉! 이렇게 큰 차이가!"

각 나라의 에너지 소비 비율

"이건 말이에요, 전 세계 인구의 5분의 1밖에 안 되는 부자들이 전 세계 에너지의 약 60퍼센트를 소비하고 있다는 걸 말해요. 그에 비해 세계의 5분의 1이나 되는 가난한 사람들은 단 4퍼센트의 에너지밖에 쓰지 못하고 있지요. 에헴."

라비 박사가 설명했습니다.

하지만 동물들은 "으음……" 하며 골똘히 생각에 잠겼습니다.

"이봐, 그럼 안 되잖아. 모두의 소중한 지구 자원인데, 너희만 다 쓰면 어떡해!"

와니르가 탓쿠와 왓시를 힐끔 째려보았습니다.

"그러게 말이야. 이대로 석유를 계속 파내면 앞으로 10년쯤 지난 후에는 석유가 다 떨어질 거야."

조우마마가 걱정스럽게 코를 흔들며 말했습니다.

"그게 정말이야? 그럼 큰일이잖아. 어떻게 하면 좋지?"

왓시는 요란스럽게 날개를 푸드덕거렸습니다.

그러자 토라지가 아무렇지도 않은 듯이 대답했습니다.

"그야 간단하지. 에너지를 쓰지 않으면 돼. 조금 추워도, 조금 어두워도 참으면 되는 거라고. 모두 자연과 좀 더 가까운 생활로 돌아가면 된다니까."

하지만 탓쿠가 즉각 항의를 하고 나섰습니다.

"그, 그런 엉터리 같은 말이 어딨어! 지금은 수도꼭지만 틀면 따뜻한 물이 콸콸 나온단 말이야. 그걸 어떻게 포기해? 그건 절대 불가능하다고!"

 태어날 때부터 편리한 도시 생활에 길들여진 탓쿠에게 어둡고 추운 생활은 상상도 할 수 없었습니다.
 "그래, 우리는 지금의 편리한 생활에 길들여져 버렸어. 그렇다고 이제 와서 그런 생활을 포기할 수도 없어. 그러니까 더욱 절약해서 석유와 가스 자원을 소중히 써야 한다고."
 마침내 해리도 속마음을 드러내고 말았습니다.
 "하지만 해리, 네가 아무리 절약해도 언젠가는 자원이 바닥나는 날이 올 거야."
 조우마마가 아득히 먼 곳을 바라보며 한숨지었습니다.

"세상 모두가 편리한 생활이 좋다며 왓시나 탓쿠처럼 석유와 가스를 펑펑 써 대면 어떻게 될 것 같아? 지구가 세 개 있어도 부족할 걸!"

얼굴이 새빨개진 와니르가 탓쿠에게 따지고 들었습니다.

"그럼 나는 대체 어떻게 하면 좋아?"

와니르에게 또 혼이 난 탓쿠, 기운이 쏙 빠져 있군요.

그러자 라비 박사가 그림을 펼쳤습니다.

"저런 저런, 흥분들 하지 마세요. 에헴, 우선은 전기가 어떻게 만들어지는지 설명해 드리겠어요."

라비 박사는 이어서 설명했습니다.

"전기는 발전소에서 수력, 화력, 원자력*, 지열*, 풍력을 발전기로 돌려 만들어집니다. 에헴."

"으응? 수력, 화력, 원……자……력?"

고개를 끄덕끄덕하며 듣던 토라지는 탓쿠를 돌아보며 말했습니다.

"그런데, 원자력발전은 위험하지 않을까?"

원자력 원자핵을 반응시켜 만드는 에너지원
지열 지구 안에 있는 땅속열

느닷없는 질문에 가슴이 두근두근 떨리는 탓쿠.

"으응. 자, 잘 모르겠어. 우리 일본은 석유랑 석탄 같은 천연자원이 없으니까, 원자력발전에 의지하고 있는 것 같은데……."

그때 재빨리 라비 박사가 끼어들었습니다.

"에헴, 원자력발전은 사고가 일어나면 아주 위험합니다. 하지만 사고만 일어나지 않으면 환경에는 매우 깨끗한 에너지원이라고 알려져

있지요. 참고로 말씀드리면, 화력발전은 이산화탄소를 배출해서 온난화로 이어지고, 수력발전은 산을 깎아서 환경을 파괴해 버리는 부정적인 면이 있습니다."

라비 박사는 단숨에 준비해 온 자료를 읽었습니다.

"어떤 발전소도 전기를 만드는 데는 위험이 따르는 거네."

조우마마가 후유 하고 한숨을 내쉬었습니다.

그러자 해리가 말했습니다.

"하지만 꼭 발전소가 아니어도 전기는 만들 수 있어. 집에 솔라시스템*을 설치하면 태양광발전*을 할 수 있다고. 집에서 쓰고, 또 쓰고 남은 전기는 전력 회사에 팔 수도 있고 말이야."

해리는 새로운 전기 모델을 소개했습니다.

"으음, 그것 참 좋겠는데!"

솔라시스템 태양에서 나오는 열을 모아서 이용하는 시스템
태양광발전 태양 전지에 의해 태양의 빛을 직접 전력으로 바꾸는 방식

동물들이 모두 감탄했습니다.

"그래, 게다가 풍력 에너지와 연료전지* 연구도 많이 발전해 있으니까 괜찮아."

탓쿠도 가슴을 펴고 당당히 대답했습니다.

아무튼 밝은 미래가 보이는 것 같군요. 동물들의 얼굴에도 웃음이 돌아왔습니다.

연료전지 연료의 에너지를 열로 바꾸지 않고 직접 전기 에너지로 바꾸는 전지

49

"그보다 말이야, 원래부터 전기에 의지하는 생활에는 한계가 있지. 더욱 자연에 어울리는 생활을 해야……."

토라지가 수염을 쓰다듬으며 말했습니다.

허참, 이렇게 되면 회의는 다시 출발점으로 되돌아가 버리지 않을까요?

동물들은 서로 얼굴을 마주 보았습니다.

그러자 해리가 자리에서 조용히 일어나 찻잔에 또르륵 차를 따르기 시작했습니다.

"아무튼 모두 잘 생각해 봐. 우리가 이렇게 따뜻한 방에서 뜨거운 차를 마시며 회의를 할 수 있는 것도 모두 전기 덕분이라고."

그러고는 김이 오르는 찻잔을 토라지에게 내밀었습니다.

"토라지, 넌 그럼 밖에서 회의를 하자는 얘기야?"

토라지는 멋쩍은 듯이 눈을 씀벅거리면서 차를 홀짝홀짝 마십니다. 애꿎은 수염만 비비 꼬던 토라지는 점점 기어들어 가는 목소리로 말했습니다.

"그, 그러니까 독일의 추위는 여간이 아니라서……."

창밖에는 먹구름이 묵직하게 내려앉아 있고, 휘잉휘잉 초겨울의 찬 바람이 휘몰아치고 있습니다. 그러나 해리의 방 안은 얼마나 따뜻하고 아늑한가요.

희미한 등불 아래서 따끈한 차를 마시며 서로 이야기를 주고받다니, 꽤 분위기 있지 않나요?

동물들은 말없이 차를 홀짝거리고 있습니다.
오늘은 모두들 회의할 기분이 아닌 듯하군요.
차를 마신 뒤, 따뜻한 방에서 푹 자는 게 좋겠어요.

미래의 에너지원을 찾아라!

❶ 사람의 힘을 에너지원으로!
❷ 운동 경기장 발전소의 원리
❸ 버려지는 것을 에너지원으로!
❹ 동물 라이프사이클 엔진의 원리

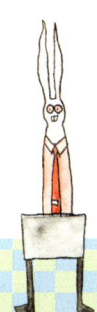

사람의 힘을 에너지원으로!

탓쿠의 아이디어 — 운동 경기장 발전소

운동 경기장 발전소의 원리

들어 봐! 내가 생각한 운동 경기장 발전소야!

1단계 자력발전장치를 장착한다

이것이 바로 복대형 '발전장치'의 본체.

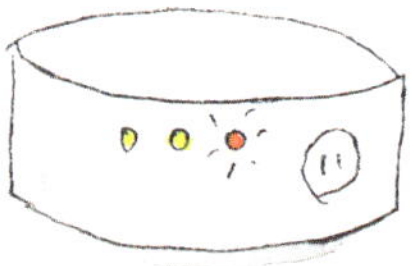

손목과 발목에 이 기구를 달고 운동하면 발생한 에너지가 전력이 돼서 본체에 모아지지.

허리에 있는 콘센트에 플러그를 꽂으면 컴퓨터의 전원 정도는 켤 수 있어.

살도 빼고, 전기도 만들어 내니까 일석이조인 거지.

2단계 관중의 열기를 이용한다

Power Stadium
예를 들면, 축구 경기장

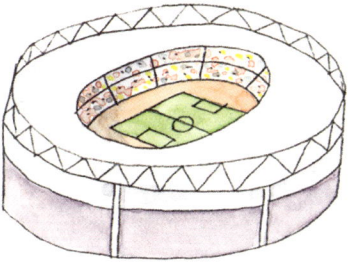
힘이 센 응원단들도 경기를 보러 오잖아.
그들에게는 복대형 '자력발전장치'를
나누어 주는 거야.

축구는 전 세계적으로 폭발적 인기!

열광적인 경기에는 전력이
꽤 많이 만들어지겠지.

그들의 에너지를 헛되게 하지 않게
그들의 발밑에 스텝형 '발전장치'를 해 놓는 거야.

버려지는 것을 에너지원으로!

토라지의 아이디어 — 동물 라이프사이클 엔진

자연을 에너지원으로 한 풍력발전이나 태양광발전은 아주 훌륭해.

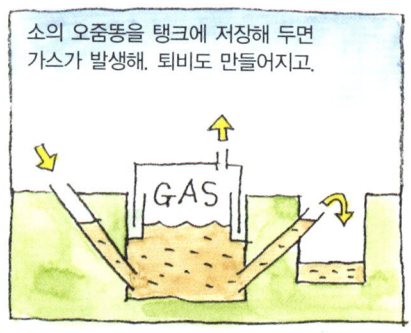

소의 오줌똥을 탱크에 저장해 두면 가스가 발생해. 퇴비도 만들어지고.

하지만 설비하는 데 비용이 많이 들어서 선진국이 아니면 할 수 없어.

그 가스로 목욕물을 데울 수 있어.

우리 인도의 3천 년 역사는 현대 기술보다 뛰어나지.

요리도 할 수 있고.

우리가 위하는 '소'로 어떻게 에너지를 만드는지 알려 주겠어.

물론 가스를 전기로 바꿀 수도 있지.

동물 라이프사이클 엔진의 원리

이것이 내가 생각하는 자연과 공존하는 에너지 시스템이야.

토라지의 아이디어

동물 라이프사이클 엔진

옛날에는 이곳이 가난한 농촌이었지. 그러나 지금은 환경을 파괴하고 들어선 도시와는 다르게 자연의 섭리에 따르는 풍요로운 생활을 하고 있어.
동물 라이프사이클 엔진에 의해서 동물과 인간의 공존,
식료품과 에너지의 자립이 실현된 거야.
이처럼 가난한 농촌도 인간의 지혜로 풍요롭게 바뀔 수 있는 거지.

이것이 동물 라이프사이클 엔진의 구조랍니다.

두 번째 이야기
화기애애한(?) 저녁 식사

초겨울의 찬 바람을 피해, 해리의 집에서 차를 마시며 편안히 쉬고 있던 동물들.

슬슬 배가 고픈가 봅니다.

아까부터 부엌에 서서 보글보글 지글지글 요리를 하던 해리.

한 손에 커다란 프라이팬을 들고 나타났습니다.

"모두들, 기다렸지? 내가 요리 솜씨를 발휘해서 맛있는 저녁 식사를 준비했어."

"그래? 대체 뭘 만들었기에 그렇게 큰소리냐? 소시지? 감자?"

왓시의 그런 놀림에도 해리는 싱글벙글 기분이 좋았습니다.

"아니, 해물 파스타야. 해물은 건강에 좋고, 다이어트에도 좋아. 미식가인 나는 이탈리아 음식을 즐겨 먹지."

해리는 싱글벙글 웃으며 접시를 나누어 줍니다.

"우아, 신난다! 지금 일본에서도 이탈리아 요리가 엄청 인기야. 이 새우, 맛있다! 우적우적……."

재빨리 파스타 속의 새우를 먹는 탓쿠.

"나 참, 일본 너구리가 새우를 좋아한다는 말이 진짜였군그래. 너희가 온 세상 새우를 다 먹어 치울 셈이야?"

탓쿠를 눈엣가시처럼 여기던 와니르가 탓쿠를 몰아세웠습니다.

라비 박사도 탓쿠에게 짜르르 싸늘한 눈길을 보냈습니다.

"에헴, 여러분. 전 세계에서 잡히는 새우의 3분의 1은 일본 너구리가 먹고 있습니다. 더구나 일본의 새우 수입량은 최근 20년 동안에 일곱 배나 늘었답니다."

허겁지겁 입 안의 새우를 꿀꺽 삼켜 버린 탓쿠.

"그, 그래도, 새우랑 생선은 얼마든지 양식을 해서 늘릴 수 있으니까 걱정 없다고."

탓쿠는 당황해서 대충 둘러댔습니다.

 그때 토라지가 접시 안의 커다란 새우를 포크로 푹 찌르며 말했습니다.
 "그런데 말이야. 우리나라 인도에서는 새우를 수출하기 위해 양식장을 많이 만들고 있고, 그 때문에 바닷가의 자연이 파괴되고 있어. 더구나 그 새우는 너무 비싸서 우리나라 사람들은 사 먹을 수가 없지."
 토라지는 그렇게 말하고 쓸쓸히 웃었습니다.
 탓쿠는 얼굴이 빨개진 채 고개를 떨구었습니다.

"그것 참 안됐군. 하지만 말이야, 우리가 새우를 사 주니까 토라지 너희가 먹고살 수 있는 거라고. 안 그래?"

그때 새우를 볼이 미어지게 오물오물 먹고 있던 왓시가 빼기며 말했습니다. 그러고는 동물들을 빙 둘러보았습니다.

하지만 아무도 대꾸하지 않았습니다.

잠시 후 조우마마가 고개를 갸웃거리며 말했습니다.

"나는 우리 집 주위에 있는 풀이랑 과일을 먹고 살아. 일부러 외국 것을 수입해서까지 먹지는 않아."

이번에는 해리가 고개를 끄덕이며 말했습니다.

"맞아. 우리 할아버지들 시대에는 모두 자기 나라와 자기가 사는 땅에서 나는 것을 먹고 살았잖아."

"그렇지. 자기가 사는 땅에서 나는 것을 먹는 게 몸에 가장 좋은 거야."

토라지도 동의하며 말했습니다.

그때 라비 박사가 커다란 그래프를 펼쳤습니다.

"에헴, 이것은 세계 여러 나라의 먹을거리 자급률* 그래프입니다. 이런, 이런, 세상에! 탓쿠네 나라 일본에서는 먹을거리의 무려 60퍼센트를 외국에 의존하고 있군요."

그 그래프를 보며 탓쿠가 눈을 희번덕거렸습니다.

"아아, 세상에! 우리나라는 먹을거리를 거의 외국에 의존하고 있었어……. 정말 믿을 수 없는 일이야!"

자급률 필요한 물자를 스스로 만들어 쓰는 비율

 그런 탓쿠를 향해 와니르가 눈알을 부라리며 말했습니다.
 "먹을거리를 완전히 외국에 의존하는 주제에, 일본에서는 참치를 비행기로 실어 나른다고 하잖아? 그렇게 사치를 할 처지냐고!"
 "그, 그게 말이야, 싱싱한 생선을 먹고 싶어서……."
 탓쿠는 어깨를 축 늘어뜨리고는 중얼거렸습니다.
 "우리나라의 식생활은 문제 투성이구나……."
 "에헴, 이것은 각 나라의 동물성 단백질 공급량 그래프입니다. 일본의 해산물 공급량은 매우 높습니다."
 라비 박사가 가리키는 그래프를 본 토라지와 조우마마.
 엉겁결에 서로 얼굴을 마주보았습니다.

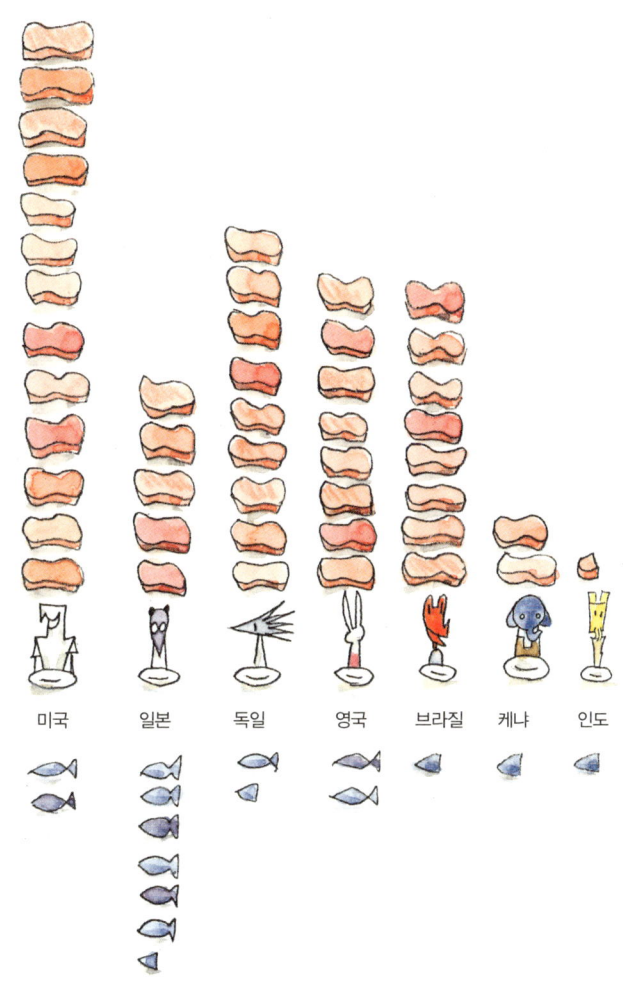

"인도도, 케냐도 고기와 생선을 전혀 먹지 않는다고는 할 수 없군."
"왓시네 나라 미국은 고기를 이렇게나 많이 먹고 있어!"
조우마마가 크게 한숨을 내쉬었습니다.

그런데 새우를 먹느라 정신이 없는 왓시는 전혀 아랑곳하지 않는군요.

"아무튼 말이야. 지금은 세계 어디에서 나는 것이든, 돈 주고 사기만 하면 언제든지 먹을 수 있다고! 참 좋은 세상이야. 안 그래, 탓쿠?"

"그, 그래. 게다가 온실 재배 덕분에 우리는 일 년 내내 딸기와 토마토를 먹을 수도 있지."

탓쿠는 후식으로 나온 딸기를 먹으며 말했습니다.

"하지만 그렇게 인공적으로 키우기 위해서 온실 온도를 높이려고 보일러를 때는 등 엄청난 에너지를 쓰고 있어."

해리가 지적했어요.

왓시는 토마토 소스를 듬뿍 묻힌 스파게티 면을 포크에 감고 해리의 얼굴 앞에서 휘두르면서 마구 대들었습니다.

"이봐, 해리. 그럼 뭐야? 그럼 우린 겨울에는 토마토를 먹으면 안 된다는 거야? 네가 만든 이 스파게티에도 토마토가 듬뿍 들어 있구먼. 엉?"

그러자 '아차!' 싶은 해리의 얼굴.

해리는 부끄러운 듯이 고개를 푹 숙였습니다.

"토마토는 여름 채소야. 겨울에는 겨울 채소를 먹으면 돼."
조우마마가 밝게 말했습니다.
그러자 이번엔 토라지가 얼굴을 찡그리며 말했습니다.
"그리고 숲 속에 살면서 머나먼 바다에서 잡히는 조개나 물고기를 먹는 것은 자연의 섭리에 어긋나는 거라고!"

그때였어요.

"그래도 말이야, 아마 조우마마도 곧 미식가가 될걸?"

왓시가 히죽 웃으며 조우마마에게 눈을 찡긋했습니다.

"뭐라고? 그게 무슨 뜻이지……?"

고개를 갸웃거리는 조우마마에게 왓시가 말했습니다.

"누구나 맛있는 것을 먹고 싶어 한다, 이 말이지."

그러고는 푸드덕거리며 날개를 활짝 펼쳤습니다.

"생각해 봐. 눈앞에 먹음직스런 것들이 있고, 먹고 싶은 건 뭐든 다 먹을 수 있다고."

"맛있는 것을 눈앞에 두고, 이것은 외국산이라 안 먹는다든가 온실 재배는 자연스럽지 않으니까 참자, 그렇게 말할 수 있을 것 같냐고!"

왓시의 말에 탓쿠는 크게 고개를 끄덕였습니다.

"그, 그래. 일본에서는 슈퍼에 있는 먹을거리 대부분이 수입된 거라고. 그런데 귀찮게 그걸 어떻게 일일이 다 따져 본담!"

"으음, 그럴지도 모르겠군."

토라지는 애꿎은 수염만 배배 꼬고 있군요.

"내 앞에 이 세상의 맛있는 것이 다 있는데, 그것을 먹지 말고 참으라는 것은 너무 잔인하긴 해. 인내심을 시험하는 것도 아니고, 으음."

"호오, 과연 이해가 빠르단 말씀이야. 토라지, 맛있는 거 먹고 편하게 살자고!"

왓시는 기쁜 듯이 토라지의 어깨를 툭툭 쳤습니다.

아무도 입을 열지 않았습니다.

모두들 맛있는 것은 무척이나 좋아합니다.

그리고 맛있는 것을 앞에 두고 참을 자신이 있는 이는 아무도 없었지요.

"나, 나는 벌써 배가 불러. 그만 먹어야겠다. 잘 먹었어."

탓쿠가 볼록 나온 배를 문지르면서 포크를 내려놓았습니다.

탓쿠의 접시에는 아직 파스타가 많이 남아 있었습니다.

"어머, 탓쿠! 그렇게 많이 남긴 거야? 아깝잖아. 더 먹지 그래?"

조우마마가 타일렀습니다.

"아, 그러고 싶은데, 양이 너무 많아서……. 많이 먹으면 몸에 해롭단 말이야."

탓쿠는 재빨리 남은 파스타를 쓰레기통에 휙 버렸습니다.

바로 이때 와니르의 커다란 목소리가 쩌렁쩌렁 울렸습니다.
"야, 배가 부르다고 먹을 것을 그렇게 쉽게 버리면 안 되지!"
"에잇, 왜 나한테만 시비야!"
탓쿠도 지지 않고 받아쳤습니다.

이때 또 끼어드는 라비 박사.

"에헴, 제가 한마디 하죠.
일본에서는 식량의 4분의 1이 버려집니다."

토라지가 몸을 쑥 내밀었습니다.

"그 말이 진짜야? 우리나라에서는 많은 친구들이 굶주리고 있는데……. 흐음."

"에헴! 전 세계 인구의 약 7분의 1, 다시 말해 8억이 넘는 인류가 늘 굶주리고 있습니다. 그리고······."

점잔을 빼며 심호흡을 하는 라비 박사.

"날마다 자그마치 2만 4천 명이 굶어죽고 있지요······."

"······."

동물들은 너무나 큰 충격에 아무 말도 하지 못했습니다.

와니르가 떨리는 목소리로 말했습니다.

"세상이 미쳤어. 일부 선진국과 부자들이 미식가니 뭐니 해서 지구의 먹을거리를 들쑤셔 놓고 있기 때문이야!"

"그건 우리 탓이 아니라고. 세계에는 충분한 식량이 있거든. 아이고, 배불러, 배 터지겠네. 맛있었어, 해리."

크게 부풀어 오른 배를 문지르는 왓시.

그러고 보니 해리의 배도 터질 듯합니다.

그런 둘의 모습을 물끄러미 바라보던 토라지가 물었습니다.

"그런데, 너희 둘 그렇게 먹고도 힘들지 않아?"

"그래, 나 정말 너무 많이 먹은 것 같아. 그러니까 다이어트해서 살을 빼야지……."

해리는 배를 꾹 눌렀습니다.

동물들의 시선은 일제히 커다랗게 부풀어 오른 해리의 배를 향했습니다.

 조우마마가 코를 쑤욱 들어 올렸습니다.
 "모두 생각해 봐. 이건 말도 안 되는 소리 같지 않아? 우리는 거의 만날 배가 고픈 채로 살고 있어. 그런데 다른 한쪽에서는 미식가 붐이 일고 있는 나라가 있고, 게다가 그들은 날마다 세상의 온갖 맛있는 것을 먹고 살아. 그러고는 너무 뚱뚱해서 다이어트를 하고 있다니……."

해리는 궁지에 몰렸습니다.

"에구머니, 분위기가 이상하게 돌아가고 있네……."

해리는 나직이 혼잣말을 중얼거리더니 동물들을 빙 둘러보며 말했습니다.

"이봐, 누군가 좀 도와줘. 너희도 모두 맛있는 것이 먹고 싶잖아? 미식가가 나쁜 건 아닌데……. 안 그래? 우리더러 대체 어떻게 하라는 거야?"

먹을거리에 대한 고민

❶ 전 세계에서 먹을거리를 수입하는 나라
❷ 채식이 좋은 이유
❸ 건강하게 먹는 법
❹ 자연에서 나오는 먹을거리
❺ 과학의 힘으로 만드는 먹을거리

전 세계에서 먹을거리를 수입하는 나라

탓쿠네 나라의 식량 자급률

채식이 좋은 이유

채식으로 지구 자원을 절약하자

채식은 우리 몸에도 좋고 지구 환경에도 좋은 거야!

육식과 채식을 비교해 보자!

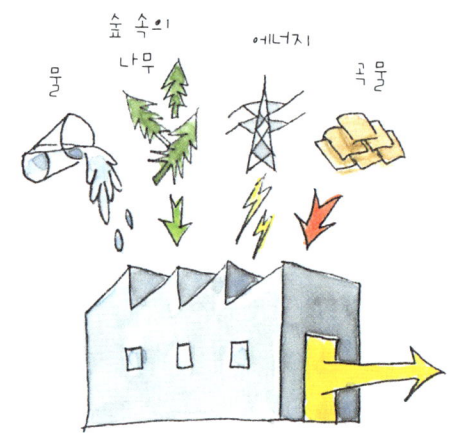

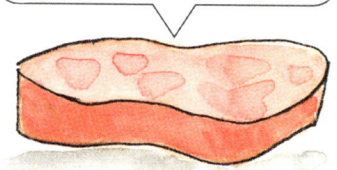

고기를 얻으려면 곡물보다 20배나 많은 에너지가 필요해. 따라서 채식을 하면 육식에 비해 20배 이상 많은 인원이 먹을 수 있는 양을 만들 수 있지.

육식 중심

1

곡물 중심

20

건강하게 먹는 법
음식을 꼭꼭 씹어 먹자

천천히 꼭꼭 씹어 먹는 게 건강에 좋아.

왜 좋은가 하면

꼭꼭 씹으면 턱 근육이 펌프 역할을 해서 머리에 혈액이 올라가기 때문에 뇌가 발달하는 걸 도와줘.

침이 나와서 암을 일으키는 물질도 분해되고.

잇몸에 고름이 괴거나 충치가 생기는 것도 막을 수 있지.

배가 부르다는 느낌 때문에 비만을 예방하고, 위장의 부담도 줄여 줘.

자연에서 나오는 먹을거리

계절 음식의 힘

음식의 비밀을 가르쳐 주지.

계절 음식이 몸에 미치는 영향

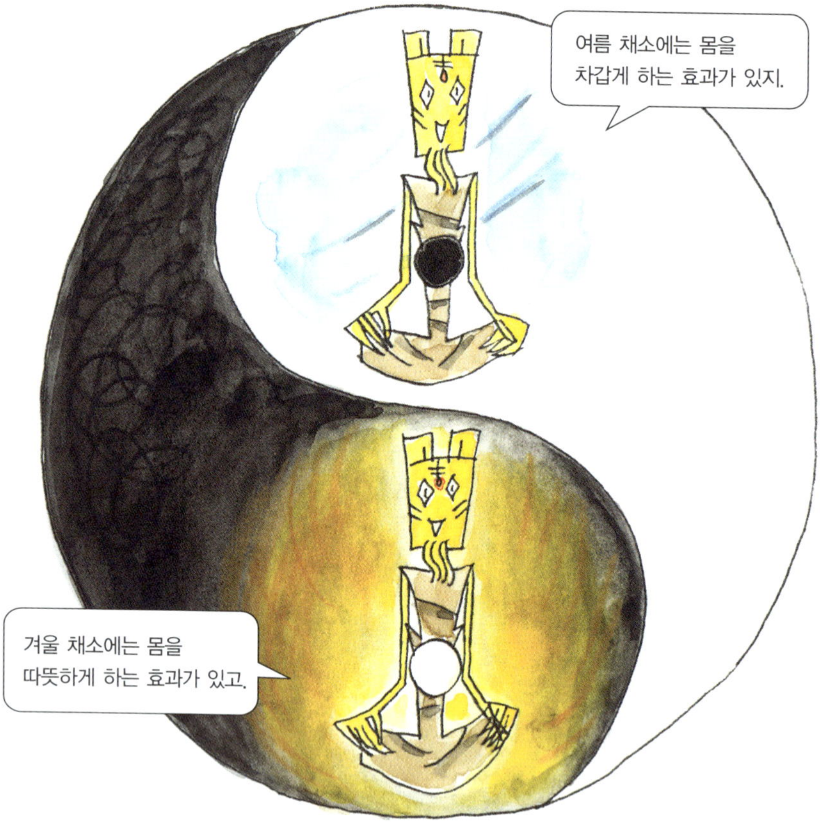

여름 채소에는 몸을 차갑게 하는 효과가 있지.

겨울 채소에는 몸을 따뜻하게 하는 효과가 있고.

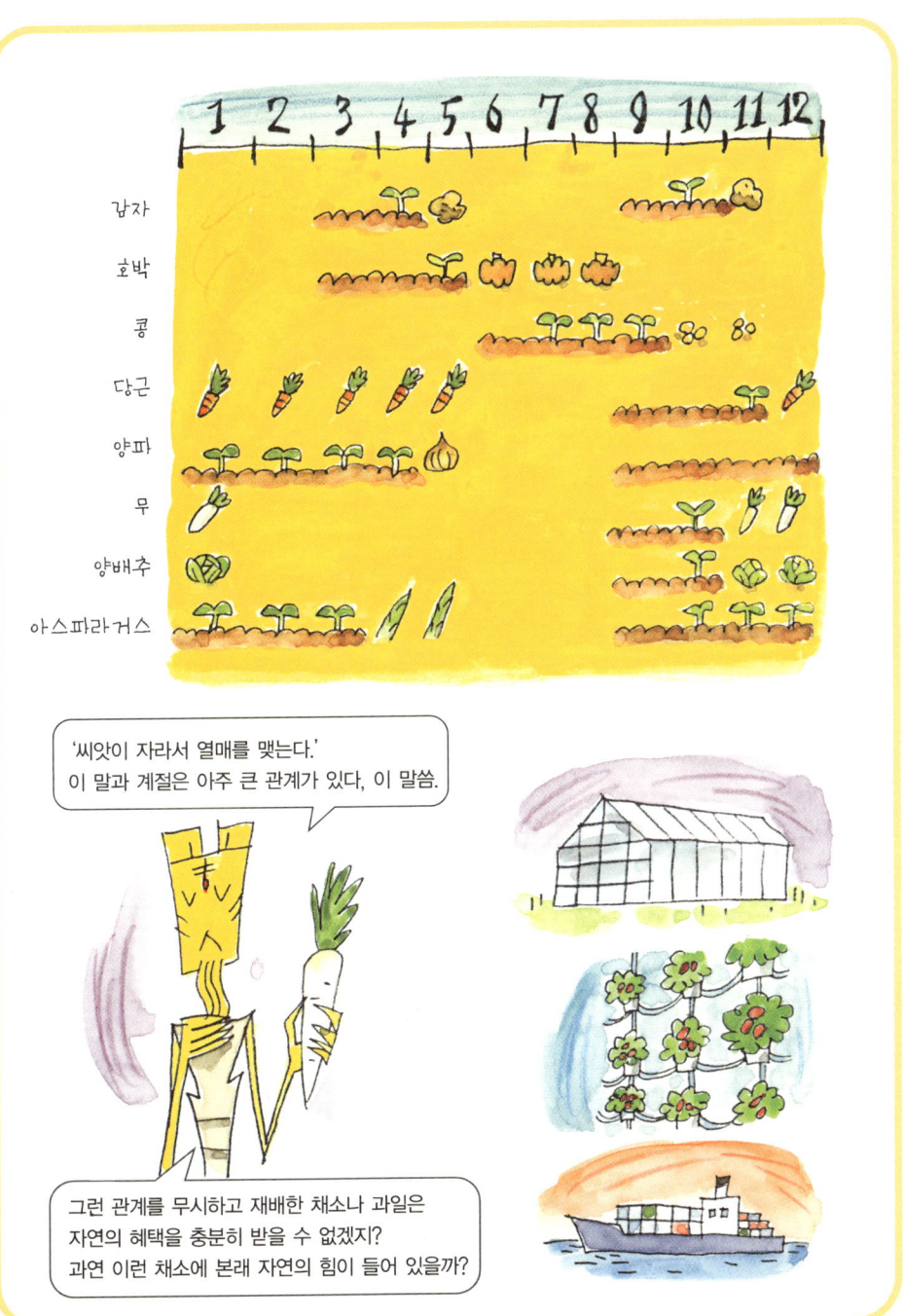

과학의 힘으로 만드는 먹을거리

유전자 변형 식품*

*상품의 질을 좋게 하고 많은 양을 만들어 내기 위해 본래의 유전자를 변형시켜 만든 농산물

에헴, 이제부터 과학의 힘으로 만드는 먹을거리를 소개하겠어요.

라비 박사가 말하는 꿈의 기술?!!

유전자 변형 식품은 최신 기술로 재배되고 있습니다. 이것들은 일반적인 농산물에 비해 수확량이 많고 성장도 빠르며 해충과 농약에 강합니다. 또한 보기에도 좋기 때문에 소비자들이 아주 좋아하지요. 유전자 조작 기술은 농가의 부담도 줄여 주는 꿈의 기술입니다.

지구를 살리는 방법은 어렵지 않아요. 주위를 둘러보세요.
곳곳에 지구 사랑을 실천할 수 있는 길이 있으니까요.

지구를 지키는 수호천사가 되어 주세요!

요즘 우리는 "지구가 이상하게 변하고 있어!"라는 말을 많이 듣습니다. 그렇지만 실제로 정말 지구가 달라지고 있는지는 잘 느끼지 못하고 있지요. 대형 마트에 가면 많은 물건들이 있고, 우리는 그것들을 손쉽게 살 수 있습니다. 또한 언제든 맛있는 것을 먹을 수 있고, 춥거나 더울 때는 난로나 에어컨을 이용하면 되지요. 그러니 지구에 정말 큰일이 생기고 있다는 것을 못 느낄 수밖에요.

인간은 지구에 사는 생명체들 가운데서 가장 늦게 태어난 막내입니다. 그런데도 지구에게 너무 많은 것을 얻어 내려 하고 있어요. 인간들의 이런 무분별한 행동으로 인해 다른 소중한 생명체들이 지구상에서 점차 사라지고 있답니다.

이 책에 나오는 동물들은 '더 이상은 안돼!' 라며 세계동물환경회의를 열었어요. 〈세계동물환경회의〉에서 동물들이 진심으로 걱정했던 것은 무엇이었나요? 동물들은 결국 병든 지구를 치유할 방법을 찾아냈나요? 그중 나와 비슷한 생각을 하고 있는 동물은 누구인가요? 혹시 회의에 참석한 동물들의 이야기를 듣고 깨달은 게 있나요? 그렇다면 지구를 살리기 위해 어떻게 해야 할까요?

이 책을 읽고 나서 많은 어린이들이 지구 사랑을 행동으로 실천하게 되리라 믿어요. 그리고 동물들 못지않게 지구의 환경을 지키기 위해 노력하는 환경 사랑 어린이가 되길 바랍니다.

환경과생명을지키는전국교사모임 대표 김두림